LA DÉMOCRATIE

ET

L'ÉDUCATION

PAR

Mgr L'ÉVÊQUE DE VERSAILLES

VERSAILLES

PAUL OSWALD, LIBRAIRE DE L'ÉVÊCHÉ

36, RUE SATORY, 36

1872

LA DÉMOCRATIE

ET

L'ÉDUCATION

LA DÉMOCRATIE

ET

L'ÉDUCATION

PAR

Mgr L'ÉVÊQUE DE VERSAILLES

VERSAILLES
PAUL OSWALD, LIBRAIRE DE L'ÉVÊCHÉ
36, RUE SATORY, 36

1872

AVANT-PROPOS

Quand on examine sérieusement la situation du monde religieux et social, il y a deux questions qui se présentent naturellement à l'esprit, la question de la démocratie et la question de l'éducation. La démocratie est un fait qu'il faut admettre et subir. Mais il est de la plus haute importance de bien savoir d'où elle vient, ce qu'elle est, ce qu'elle a fait et de quelles armes il convient de se servir pour la combattre. Dès qu'on s'engage dans cette voie, on touche aux points fondamentaux. Chacun comprend que si les idées actuelles doivent être réformées sur une foule de choses, elles ne peuvent l'être efficacement que par des modifications radicales et profondes dans l'éducation publique.

LA DÉMOCRATIE ET L'ÉDUCATION

Toute erreur a son principe dans une vérité dont on abuse. En 1789, chacun était d'avis qu'il fallait des réformes dans l'ordre politique et civil ; chacun les demandait et les attendait avec impatience. Mais, au lieu de réformes prudemment faites, et subordonnées à la loi de Dieu et au bon sens, on eut les sanglants triomphes et toutes les horreurs de la révolution; on recueillit les fruits de germes semés par la philosophie dans les siècles précédents.

Grâce à des concessions obtenues soit de la faiblesse, soit de l'aveuglement des hommes chargés de nous gouverner, grâce aux funestes illusions de l'école libérale, la démocratie, depuis cette époque, a prodigieusement gagné de terrain dans les grandes villes, dans la classe ouvrière et même dans les campagnes. Aujourd'hui, fière de sa force, elle affirme avec orgueil que l'avenir lui appartient. Niant de parti pris tous les principes, n'admettant ni Dieu, ni dogme, ni culte, elle s'attribue une autorité absolue, inaliénable; elle déclare hautement qu'elle est seule souveraine de plein droit et qu'elle peut tout.

La démocratie pure, si elle était possible, si les hommes étaient faits autrement et à l'abri du péché, se rapprocherait de l'état du ciel où règne parmi les élus l'harmonie la plus parfaite, et où chaque saint possède un degré de gloire correspondant à ses mérites. Mais la démocratie, telle que nous la voyons, c'est-à-dire la démocratie, qui exclut, qui efface toutes les vérités de l'ordre surnaturel et de l'ordre social et qui professe l'athéisme, n'est plus qu'une espèce d'enfer, où tout est sans ordre et dans une éternelle horreur.

Comment, par quelles causes la démocratie est-elle devenue ce qu'elle est, ce qu'elle ne fut jamais dans l'antiquité ? Nous allons le rechercher et l'indiquer.

Le christianisme trouva les peuples plongés dans l'esclavage. Sa mission était de les régénérer et de les affranchir. Qu'il ait rempli cette haute mission d'une manière admirable, en proclamant toutes les vérités de l'ordre surnaturel, et tous les principes, toutes les maximes desquels naît la civilisation avec tous ses priviléges, c'est un fait qui n'est pas douteux. Que le christianisme ait dans ses entrailles une puissance ou une force d'expansion sans limites, et que par cette force d'expansion, il tende à élever moralement et politiquement les peuples à toute la perfection dont ils sont susceptibles, c'est encore un fait incontestable.

A partir du neuvième siècle jusqu'à l'apparition du protestantisme, l'état social de l'Europe était sagement et fortement constitué, par la raison bien simple qu'il était l'œuvre des idées chrétiennes. Sans doute, l'autorité y jouait un grand rôle, mais c'était une autorité paternelle, qui venait du Christ auquel toutes les nations ont été données en héritage (Psal. II, 8). La liberté, prise dans sa véritable et naturelle acception, y existait et pouvait s'y développer largement dans tout ce qui est bien, dans tout ce qui n'est pas contraire à la religion et à l'ordre public. Les rois, représentants de Dieu pour les intérêts politiques et temporels, étaient respectés, et ils devaient eux-mêmes respecter et aimer leurs sujets. Des flots d'amour, qui prenaient leur source dans l'amour infini descendu du ciel, coulaient dans les âmes et y réchauffaient tous les beaux sentiments.

Quand des conflits s'élevaient, quand les mauvaises passions cherchaient à rompre l'harmonie et à briser l'unité, on avait recours à l'autorité pontificale, dont les décisions et les jugements, acceptés dans un esprit de foi, prévenaient les grands écarts et empêchaient la chute des institutions. L'Eglise veillait sur le dépôt sacré par ses évêques, par les conciles et surtout par l'organe de son chef suprême. Elle gouvernait l'enseignement. Elle faisait en sorte que la science, qui a sa racine dans le catholicisme, fût toujours d'accord avec la foi et restât invinciblement soumise à la foi.

Cet état de choses différait du tout au tout de ce qui s'était produit sous l'empire du paganisme. Il offrait un spectacle qu'on n'avait jamais vu chez les anciens, et dont les politiques et les législateurs selon la sagesse humaine, ne pouvaient avoir la moindre idée. C'était une magnifique

*

application des préceptes de l'Evangile à l'ordre social inauguré dans le monde par la vertu de la croix du Calvaire. Il y avait là, toutes les garanties désirables : il y avait là, de quoi satisfaire pleinement tous les vœux, toutes les aspirations dont les hommes raisonnables ont l'instinct; il y avait là en un mot, pour les familles et pour les sociétés, tous les germes de progrès, tous les éléments de prospérité et de bonheur. Essayez d'ajouter quelque chose à cette organisation qui sera éternellement une des gloires de l'Eglise, ou vous retomberez nécessairement dans les erreurs païennes, ou vous imaginerez des perfectionnements et des jouissances qui ne sont pas de la terre et qui appartiennent à une autre patrie.

Pourquoi la force d'expansion du catholicisme s'est-elle arrêtée d'une manière si funeste, surtout depuis le seizième siècle ? Pourquoi a-t-on vu se détériorer l'œuvre admirable dont la conservation et le progrès nous eussent épargné tant de crises sociales et tant de malheurs ? Pourquoi ? Demandons-le à l'histoire. Demandons-le à l'hérésie, à la philosophie et à la politique. Là nous découvrons trois causes d'une immense fécondité pour le mal : trois causes qui, tendant au même but par des routes diverses, nous ont jetés dans l'abîme.

Examinons attentivement ces trois causes, rendons-nous compte de la puissance de leur action, et nous aurons sans peine une idée de l'étendue et de la profondeur des ravages qu'elles ont fait dans le monde.

L'hérésie n'égare pas seulement l'esprit, mais elle déprave encore le cœur et la volonté. En attaquant les croyances, elle répand partout des germes de désordres moraux. Une fois qu'elle est lancée, si rien ne l'arrête, elle va toujours; elle achève promptement son œuvre de destruction sous le rapport de l'autorité et de la discipline, comme sous le rapport des articles fondamentaux. Voyez ce qui reste de la doctrine de Jésus-Christ et de l'Eglise, dans les régions où l'hérésie a dominé pendant des siècles !

Sans doute en Orient, en Russie, en Angleterre il y a encore des Eglises qui, bien que séparées de Rome, ont conservé quelques vérités et quelques-uns des éléments dont se compose le christianisme. Mais ces Eglises, qui n'ont rien de commun avec la vraie foi, et qui ne sont que des simulacres et des mensonges, doivent leur existence à la force de la tradition et à certaines nécessités sociales. Elles sont entre les mains des gouvernements, et la puissance temporelle s'en fait un instrument de politique et de propagande.

La véritable philosophie, qui sait d'où elle vient et où elle va, se fonde sur le catholicisme et y prend son point de départ. Cette philosophie a été celle de tous les grands maîtres qui ont le plus honoré la science, et qui ont de tout temps rendu le plus de services à la religion et à la société. Mais quand la philosophie prétend qu'elle ne relève que d'elle-même, quand elle affirme qu'elle n'a besoin que de ses conceptions pour se former et pour marcher sûrement à son but, alors poussée par l'orgueil, elle proclame bien haut la scission entre la science et la foi. Elle se pose comme la lumière du monde. Elle s'attribue le droit de tout examiner, de tout juger, de tout décider. Ce qu'elle ne voit pas, ce qu'elle ne comprend pas, ce qu'elle n'approuve pas, n'est absolument rien à ses yeux. Or, il arrive que la philosophie, dès qu'elle procède de la sorte, produit beaucoup de mauvais effets, sans aucun avantage réel. Elle ébranle la foi des peuples, elle jette le doute et l'indifférence dans les masses, elle sape les fondements de l'ordre social et ouvre un vaste champ à toutes les convoitises et à toutes les ambitions. Les systèmes qu'elle inaugure et qu'elle s'efforce de faire prévaloir, au lieu d'être utiles à la science et au progrès, amènent le chaos et les ténèbres dans les idées et dans les esprits. Voilà en deux mots l'histoire de notre époque. Où sont les grandes pensées? Où est la grande poésie? Où est la grande science, la science puissante par son unité, par ses harmonies et par ses applications? Où sont les principes qui embrassent l'ensemble des problèmes qu'il s'agit de résoudre dans l'intérêt de l'humanité? Mais en revanche, que d'opinions exposées avec fracas et avec un grand luxe de paroles! Quel déluge de théories aussi absurdes en métaphysique que dangereuses en morale!

Sous le règne de l'idolâtrie, la politique n'existait et ne pouvait exister que par la force matérielle et brutale. Toujours et partout il y eut des croyances et un culte; toujours et partout il y eut des prêtres et des castes sacerdotales, jouissant de priviléges plus ou moins considérables. Mais les souverains les dominaient et s'en servaient à volonté, selon les intérêts et les exigences de leur politique. Le pontificat était comme un attribut de la royauté.

Le christianisme, si longtemps annoncé et figuré par l'histoire du peuple hébreu, vint sauver le monde et restaurer toutes choses. Il sépara les deux puissances en donnant à l'Eglise la puissance spirituelle, avec tout ce qui se rapporte à l'âme et à la vie future, puis en laissant à la puissance séculière tout ce qui concerne l'homme et le citoyen.

Les Césars, bien entendu, ne comprirent rien à l'œuvre du Christ. Ils se firent persécuteurs pour conserver leur autorité absolue et monstrueuse. Quand le colosse qui avait broyé les nations, fut lui-même écrasé à son tour par la force qui sortait du sang de Jésus-Christ et des martyrs, Constantin reconnut pleinement l'autorité et les droits de l'Eglise. Sans doute, il était jaloux de son pouvoir; il ne voulait ni le sacrifier ni l'amoindrir, mais la foi lui avait donné le sens chrétien en élevant son intelligence. Il savait que dans la loi de vérité et d'amour le premier rang appartient à l'Eglise, et que l'Eglise et l'Etat doivent être unis comme l'âme et le corps sont unis.

Les successeurs de Constantin ne marchèrent pas tous sur ses traces. Héritiers des traditions païennes, subissant l'influence de l'esprit grec, passionnés pour les disputes théologiques, les uns soutinrent ouvertement l'hérésie, les autres, flattés par les sophistes, aspirèrent à régler les choses concernant la foi, le culte et la discipline. Trop souvent ils firent des lois et des édits, qui n'étaient que d'énormes empiétements sur l'autorité de l'Église. On n'ignore pas ce qu'il fallut de courage, de sagesse et d'efforts aux évêques orthodoxes pour résister à la formidable secte arienne, dont les têtes couronnées avaient bu le venin. Mais hâtons-nous d'ajouter que l'empire, à mesure qu'il s'éloignait de Rome et de l'esprit franchement catholique, descendait peu à peu dans la fange où il devait pourrir.

L'Église avait vaincu et civilisé les Barbares. Témoins des merveilles qu'elle réalisait sur des peuples ignorants et féroces, les souverains, les hommes d'Etat d'alors lui rendirent hommage, et reçurent d'elle les enseignements dont ils avaient besoin pour exercer leur autorité, et gouverner désormais leurs sujets d'après les règles de la justice et de la raison. Ils commencèrent à comprendre qu'en s'alliant à l'Eglise, ils s'affermissaient eux-mêmes et se conciliaient l'amour de leurs peuples. L'idée chrétienne ainsi accueillie et triomphante prit sa place au fond de toutes les choses. Elle était la mère, la lumière, la vie, le pivot de tout le système social. Toutes les évolutions politiques s'opéraient sous sa direction et avec son concours.

Sans doute les hommes sont les hommes, et les passions qui agitent les hommes ne désarment pas. Il y avait de temps en temps des luttes fâcheuses, des entreprises regrettables, des révoltes et des usurpations qui amenaient dans la société bien des désordres et bien des embarras. Mais c'étaient des exceptions. L'édifice restait debout sur ses fortes et profondes assises.

Les violences de Philippe le Bel contre Boniface VIII,

l'exil des Papes à Avignon, les suites du schisme d'Occident ; au seizième siècle, l'amour des nouveautés, qui eut pour effet la licence des opinions, l'engouement pour la littérature et pour la civilisation païennes, avaient préparé la voie à l'action des trois causes dissolvantes que nous avons indiquées plus haut.

La réforme d'abord faisant appel à l'orgueil, substitua le jugement particulier dans les choses divines à l'autorité de l'Eglise, et rompit, par cela même, tous les liens de subordination. La philosophie, qui avait manœuvré longtemps dans l'ombre, vint tout-à-coup prononcer le divorce entre la foi et la science, et proclamer les droits et l'indépendance absolue de la raison. Le mal qui avait atteint subitement l'Eglise, eut un développement plus lent et plus caché par rapport à l'ordre civil. Toutefois le poison était dans les veines du corps social; et il devait y produire d'effroyables ravages.

Mais la politique chrétienne avait poussé de vigoureuses racines dans le sol de la foi. Il lui restait encore assez de séve et assez de puissance pour résister pendant un certain temps à toutes les attaques de ses ennemis, et pour conserver son influence et son prestige aux yeux des peuples. Voyez le dix-septième siècle ! Siècle grand et beau par les hommes qu'il vit s'élever, et par des œuvres à jamais célèbres. Or, ce qui fit la grandeur du dix-septième siècle, soit au point de vue de l'Eglise, soit au point de vue purement social, ce fut d'une part la vigilance, la fermeté du Saint-Siége pour le maintien de la doctrine;

ce furent d'autre part les corporations religieuses, la bonne éducation et les missions.

Après le règne de Louis XIV, les doctrines anti-sociales firent des progrès qu'il n'était plus possible d'arrêter, vu la situation que les souverains avaient prise dans leurs rapports avec Rome. Les agressions, les injustices les plus scandaleuses se renouvelaient chaque jour, au mépris de tous les principes et de tous les droits. Les esprits échauffés par les idées libérales s'exaltaient de plus en plus dans les voies de la révolte et voulaient en finir avec toute espèce d'autorité. Un déluge d'écrits, où l'impiété prenait toutes les formes, se répandait dans toutes les classes, achevait de ruiner les croyances au profit de toutes les erreurs, et de tous les mensonges. C'était contre l'ordre religieux et contre l'ordre social une guerre sans exemple dans l'histoire. L'esprit de vertige et d'abaissement soufflait partout. Enfin l'épouvantable tempête de 89 éclata, et ouvrit l'immense abîme où quatorze siècles de civilisation et de gloire allaient s'engloutir.

Les hérétiques, les philosophes, les hommes d'Etat, en agissant comme ils ont agi relativement à l'Eglise, avaient-ils dans l'intention toutes les conséquences qui découlent nécessairement des prémisses qu'ils posaient ? Prévoyaient-ils tous les bouleversements dont nous sommes témoins et victimes ? Nous ne voudrions pas l'affirmer. Quoi qu'il en soit, la démocratie est bien leur ouvrage. Ils l'ont conçue dans leurs entrailles ; ils l'ont enfantée en haine de Dieu et de l'Eglise ; ils l'ont réchauffée sur leur sein ; ils l'ont nourrie de tout ce qu'il y a de plus abject et de plus dépravant dans l'erreur et dans le vice. Fidèle à son origine, la démocratie, par son athéisme et par ses prétentions, singulièrement dépassé les espérances de ses premiers maîtres. Aujourd'hui, elle exige que toutes les hauteurs, quelles qu'elles soient, s'abaissent devant son implacable niveau. Avec ses formidables lumières et avec ses passions plus formidables encore, elle marche à pas de géant à travers les ruines, dans l'espoir de compléter bientôt sa victoire par l'établissement du communisme le plus brutal.

La situation, de quelque côté qu'on l'envisage, est donc d'une gravité extrême. Il n'est plus possible d'avoir des doutes et des illusions sur les dangers qui nous menacent dans un avenir peu éloigné. Quand les causes nous apparaissent d'une manière si évidente, et qu'elles sont mises en mouvement sous nos yeux, il n'est que trop certain que les effets qu'elles contiennent ne se feront pas attendre longtemps. La démocratie révolutionnaire reculera-t-elle ? Renoncera-t-elle à ses desseins audacieux et pervers ? Non. Les gouvernements essaieront-ils de la contenir et de la désarmer ? Hélas non ! Ils sont eux-mêmes à ses ordres, au moins pour beaucoup de choses.

Si la France humiliée et abaissée désire sérieusement d'échapper à de nouvelles crises, et à des malheurs plus grands que ceux qu'elle a subis, si elle doit reprendre un jour sa place parmi les grandes nations, il faut que tous les bons Français, animés des mêmes sentiments, partageant les mêmes convictions, se réunissent sur le terrain de la démocratie légitime et chrétienne, et que par la démocratie, ainsi conçue, ils rentrent dans la seule voie où se trouve le salut social.

Une des grandes erreurs de notre époque, c'est l'oubli du passé et le mépris des traditions. Il y a dans le monde, dès l'origine, un fonds commun de vérités et de principes, qui est le patrimoine du genre humain, et qui se transmet d'âge en âge. Les individus et les peuples puisent dans ce fonds commun tout ce dont ils ont besoin pour vivre intellectuellement et moralement. C'est la condition *sine quâ non* de leur développement régulier. Aujourd'hui on rêve un état de choses sans racines dans les générations dont nous sommes issus. On affiche la prétention de tout refaire à nouveau ; et tout ce qu'on fait et refait, depuis quatre-vingts ans, s'en va en poussière et emporte peu à peu jusqu'aux dernières pierres des fondements de l'édifice.

Etre en progrès, c'est croire au passé ; c'est, eu égard au temps et aux circonstances, tirer du passé ce qu'il y a de vrai et de bon, pour l'appliquer au présent et à l'avenir. Si le passé n'est rien pour vous, si dans vos évolutions, vous vous isolez de tout ce qui fut, dites quel sera votre point d'appui ? Quels seront vos titres ? D'où vous viendra la vertu ou la puissance nécessaire pour créer et établir quelque chose ?

Il y a une loi invariable de la nature qu'on ne saurait violer impunément. Dans l'ordre moral, comme dans l'ordre physique, tout se tient, tout s'enchaîne, tout s'harmonise d'une manière admirable. Les vérités sont enveloppées les unes dans les autres, comme les êtres sont contenus les uns dans les autres. Le travail et le temps amènent régulièrement les phénomènes et les manifestations qui frappent les yeux et les esprits. Si vous voulez dire ce ce que sont les branches et les feuilles d'un arbre, vous ne pouvez faire abstraction ni de la tige qui porte les branches et les feuilles, ni des racines d'où sort la tige. Les déductions plus ou moins éloignées d'une vérité mère n'auront plus de signification, si vous ne les rapportez pas à leurs prémisses ou à leur principe générateur. De même qu'il y a un sol où il faut déposer les germes, si l'on veut obtenir de la végétation et des plantes, de même les croyances, les traditions forment un sol où il faut semer nos idées, si nous voulons qu'elles se soutiennent et qu'elles soient fécondes.

Si des hommes poussaient la déraison jusqu'à enseigner que tous les chefs-d'œuvre qu'on admire universellement ne sont plus rien, et que désormais il sera nécessaire de procéder à l'encontre de tout ce qu'ont fait nos ancêtres et nos maîtres, pour avoir le vrai, le beau, le sublime en matière de science, de poésie, d'art et de littérature, sans nul doute, vous les estimeriez, vous les jugeriez aussi insensés que celui qui viendrait nous dire que ce n'est plus sur nos pieds, mais que c'est sur nos mains et sur notre tête que nous devons marcher. Or, de telles énormités, de telles folies ne sont pas des suppositions ni des inventions de notre part, elles sont bien réellement, bien véritablement dans les paroles et dans les actes de nos démocrates révolutionnaires et communistes, en ce qui concerne les bases de la société, et la manière de former et de gouverner les peuples.

En effet, après avoir nié effrontément toutes les vérités, toutes les croyances, tous les dogmes sur lesquels repose le monde social et par lesquels il a vécu jusqu'ici, après avoir traité toutes ces grandes et saintes choses comme si elles étaient l'œuvre de la superstition et du mensonge, nos démocrates révolutionnaires, nos communistes essaient de construire leur édifice sans Dieu et contre Dieu. Ce qu'ils invoquent pour remplacer les principes immuables et nécessaires, c'est la loi de nature, ce sont les droits de la raison humaine, c'est la liberté. Or quand on supprime Dieu, être des êtres, raison et source de tous les principes, de toutes les idées, qu'est-ce que la loi de nature? Que deviennent les droits de la raison? Que devient la liberté? Demandez-le au néant. Pour avoir des effets il faut avant tout une cause. Sans le Dieu de la révélation et de la foi, sans le Dieu des chrétiens, l'homme n'est plus qu'une énigme dont on chercherait éternellement le mot sans le trouver, et la société, marchant au milieu d'épouvantables ténèbres, tombe dans un labyrinthe dont elle ne peut plus sortir.

Point de Dieu, point de dogmes, point de morale, point de lois, point de droits, point de devoirs, par conséquent point de famille, point de société. Le simple bon sens nous dit que toutes ces propositions se tiennent nécessairement, et qu'elles se déduisent les unes des autres avec une inflexible rigueur. C'est pourquoi tous les essais, toutes les nouveautés qu'on oppose à notre vieille civilisation, traînent à leur suite l'anarchie et le chaos. Et de tels législateurs osent parler de progrès! Pour eux, le progrès c'est d'avoir jeté l'athéisme dans le gouvernement! Pour eux, le progrès c'est d'avoir détruit la base des croyances et des devoirs! Pour eux, le progrès c'est d'avoir dépouillé l'homme de sa grandeur, en le ravalant au-dessous de la brute! Pour eux, le progrès c'est d'avoir enseigné à la génération que tout notre passé n'est qu'un peu de poussière, et qu'au delà du tombeau il n'y a plus qu'un éternel oubli! Interrogez, je ne dis pas les peuples païens, mais toutes les hordes de sauvages qui ont paru dans le monde, vous n'en découvrirez pas une qui soit arrivée à cet excès de dégradation.

O vous qui connaissez les hommes et l'histoire, vous qui avez étudié sérieusement les causes qui élèvent les empires, et les causes qui les jettent dans la décadence; vous qui ne désespérez pas de notre chère patrie, et qui cherchez partout, les moyens de la relever et de la réorganiser, défiez-vous de la fatale influence que tant d'esprits subissent. Défiez-vous des perverses doctrines que nos pères auraient repoussées en les maudissant, mais qu'on est parvenu, de nos jours, à mettre en honneur au moyen de la ruse et du mensonge. Quoi que vous fassiez, de quelque côté que vous vous tourniez, si vous ne vous appuyez pas sur la vérité, si vous croyez que des expédients et des compromis vous suffisent, tous vos efforts seront perdus; vous n'échapperez pas au naufrage dont nous sommes menacés.

Il est un grand acte du Saint-Siége, qui a profondément ému les ennemis de l'Église et soulevé toutes les fureurs de l'enfer : c'est la publication du *Syllabus*. C'était un préliminaire. Le concile du Vatican a fait le reste. Or le Syllabus serait-il pour vous un épouvantail, ou un acte sans importance? Cela n'est pas possible. Les sarcasmes, au moyen desquels on a voulu l'écraser, l'auraient-ils effacé de votre mémoire? Non assurément. Aujourd'hui abordez donc le Syllabus avec courage et avec bonne foi : ne le lisez pas superficiellement, creusez-le par la pensée. Nous vous l'affirmons, vous y découvrirez des trésors que vous demanderiez en vain à la sagesse humaine.

Toute puissance constituante et civilisatrice doit faire deux choses, elle doit détruire et édifier. C'est ce que Jésus-Christ a fait en venant dans le monde : c'est ce que l'Église continue de faire. Toutes les erreurs qui dégradent la raison et la séparent de la raison souveraine, toutes les théories qui naissent de l'athéisme légal, et dont l'application serait la mort des peuples, toutes les nouveautés, toutes les maximes qui détruisent en même temps l'autorité et la liberté, le Syllabus les dénonce, les saisit au vif et les frappe hautement de réprobation. Sachez-le bien, tout ce qu'il condamne comme mauvais, comme antisocial, la partie saine du genre humain l'a condamné à toutes les époques, dans tous les pays, chez tous les peuples. Puis le Syllabus expose et consacre tous les principes qui sortent du catholicisme, et qui ont été dans tous les siècles les fondements, soit de l'ordre religieux, soit de l'ordre politique et civil. Il n'y a pas un point obscur qu'il n'éclaire, pas un écueil qu'il ne signale, pas un remède qu'il n'indique. Avouons-le, un jour les générations futures, à qui nous aurons légué un héritage de ruines, nous reprocheront sévèrement, mais avec justice, d'avoir méprisé l'avertissement solennel et salutaire qui devait nous arrêter sur la pente de l'abîme.

Mais ce qui doit surtout attirer l'attention des catholiques et de tous les hommes sensés, ce qui peut nous donner une idée de l'avenir qu'on nous prépare, c'est l'activité fiévreuse que déploient les démocrates pour s'emparer de l'éducation publique, et pour l'asseoir sur des bases qui sont la contre-partie exacte de la doctrine de l'Église.

L'homme n'est pas une plante. L'homme ne descend pas de la famille des singes. L'homme n'est pas un être fantastique. L'homme est une grande chose, *res magna*. L'homme est l'image de Dieu. Il a une âme et un corps. Il est intelligent, libre et immortel.

L'homme, quelle que soit sa condition, a besoin de savoir avant tout, d'où il vient, ce qu'il est, où il va. Si ces trois questions fondamentales n'étaient pas posées tout d'abord, et résolues d'une manière certaine, l'homme dévoyé ne comprendrait rien à son existence; il ne serait plus à ses propres yeux qu'un effrayant et impénétrable mystère. Sans idée du devoir, et sans aucun frein intérieur, il n'aurait pour règle de conduite que ses goûts, ses penchants et ses intérêts matériels.

Ici il faut qu'une autorité admise et indiscutable vienne dire à l'homme quelle est la noblesse de son origine, quelle est l'excellence de sa nature, quelle est la grandeur de sa fin, et qu'elle lui trace clairement les grandes lois qui doivent gouverner son intelligence, son cœur et sa volonté. L'homme saura qu'il est sur la terre pour croire, pour aimer, pour agir. Là est tout l'homme. *Hoc est omnis homo.*

Or, quelle sera l'autorité capable de s'imposer à l'homme pour un tel objet? Sera-ce l'autorité philosophique? Sera-ce l'autorité civile? Celui qui oserait le prétendre outragerait le bon sens et le mettrait en contradiction avec tout ce qui a eu lieu dans le passé. Seule l'autorité religieuse possède la science voulue pour résoudre le problème en question. Seule elle peut expliquer à l'homme les vérités nécessaires, c'est-à-dire les faits primitifs, dogmatiques et historiques qui se rattachent à Dieu, à la création et au but que Dieu s'est proposé dans la création. Mais si la religion est seule en état de donner une base à l'édifice, elle a par cela même le droit et le devoir de l'achever et de le protéger contre tout ce qui pourrait l'ébranler et le démolir.

L'homme est dans l'enfant. C'est un fait, il y a dans l'enfant l'ignorance, et avec l'ignorance les germes de tous les mauvais penchants et de tous les vices. La folie, nous dit la Sainte Écriture, *est liée au cœur de l'enfant.* Sans doute, cette folie n'est pas essentiellement dans l'âme de l'enfant, elle y existe par suite de la dégradation originelle. Si elle n'est pas combattue de bonne heure, si elle n'est pas arrachée du cœur où elle a son siége, elle grandira promptement et produira les fruits du naturalisme le plus abject et le plus sauvage. L'instruction seule, loin d'être un remède contre le mal dont nous parlons, l'irriterait au contraire et le rendrait plus grave et plus dangereux. De même que la religion peut seule éclairer l'homme sur ses destinées, de même seule elle peut le corriger, le guérir des défauts qu'il apporte en naissant, et remplir son cœur de nobles aspirations et de force pour la vertu. Ces deux choses nous montrent la ravissante beauté et l'incomparable grandeur de l'éducation chrétienne. En formant ainsi l'homme, la religion prouve irrésistiblement qu'elle est fille du ciel et qu'elle participe à la puissance créatrice de Dieu.

Ceux qui nous préparent des lois sur l'enseignement ont-ils une notion exacte et suffisante de l'éducation? Ont-ils jamais consacré quelques heures de leur vie, à rechercher et à méditer ce qu'il y a dans cette immense et profonde matière? S'ils excluent de l'éducation l'idée de Dieu, s'ils veulent l'instruction sans la rattacher aux principes de l'ordre surnaturel, l'éducation n'est plus rien ; elle disparaît, mais en disparaissant, elle creuse un abîme que nos législateurs, quoi qu'ils fassent, ne parviendront pas à combler. S'ils consentent à laisser dans l'éducation je ne dis pas un semblant d'être suprême, mais le Dieu véritable, le Dieu des chrétiens, ils ne doivent pas oublier que par rapport à l'éducation, il y a dans l'Eglise, dans la famille et dans l'enfant, des droits divins qu'ils ne peuvent violer sans commettre une injustice et un sacrilége.

Oui, quand l'Eglise par le baptême a reçu l'enfant dans son sein, elle s'engage à lui procurer tous les trésors spiri–

tuels qui sont la conséquence du sacrement. Nulle puissance au monde ne peut s'arroger le droit de la gêner dans son action. Oui, le père et la mère ont une autorité sacrée sur le dépôt que Dieu leur a confié. Ils en répondent âme pour âme. Oui, l'enfant marqué du sceau de la foi catholique, acquiert des priviléges qu'il faut entourer d'un souverain respect. Si par des dispositions et des obstacles quelconques, vous l'empêchez d'arriver à la possession des biens déposés pour lui dans la grande et divine famille dont il fait partie, vous lui causez un dommage mille et mille fois plus considérable que si vous lui enleviez toutes ses propriétés et tous ses droits dans l'ordre naturel.

Former l'homme, c'est lui apprendre ce qu'il est, et lui montrer ce qu'il doit être par le bon usage de ses facultés, et de toutes les puissances de son âme et de son corps. Former le chrétien, c'est l'initier aux choses de la foi, c'est le mettre en état de lutter victorieusement contre les passions et d'accomplir les commandements de Dieu et de l'Eglise. Former le citoyen, c'est lui expliquer ses rapports avec ses semblables, et l'élever dans l'amour des devoirs que lui impose la société. Il y a dix-huit siècles que la religion fait cela chez les peuples catholiques. Et pour faire cela, c'est-à-dire pour former l'homme, le chrétien et le citoyen, ce que la religion a dépensé d'intelligence, ce qu'elle a surmonté d'obstacles, ce qu'elle a réalisé de merveilles, ce qu'elle a obtenu en matière de sacrifices et de dévouements, est écrit à toutes les pages de l'histoire. Ce sont des titres qu'on voudrait abolir aujourd'hui, mais on n'y parviendra pas.

En parlant de l'éducation publique, en parlant de l'enfant dont il faut faire un homme, un chrétien, un citoyen, Diderot met la religion avant tout. « C'est, » dit-il, « par la » religion que nous devons commencer, continuer et finir, » parce que nous sommes de Dieu, par Lui et pour » Lui. »

Ainsi au dix-huitième siècle, malgré le travail et les machinations de l'impiété, on comprenait encore généralement que l'éducation doit être essentiellement religieuse, et que l'Eglise a reçu de Dieu la mission d'enseigner. « *Docete omnes gentes.* » Depuis, quel immense espace on a parcouru dans le sens inverse ! Quelle chute ! Nos hommes de la révolution, fiers de leurs premiers succès, n'ont plus douté de rien ; ils se sont crus appelés à faire de nouveaux cieux et une nouvelle terre ; ils ont érigé en principes, des erreurs, des opinions fausses, des maximes dangereuses. Grâce à ces principes de création moderne, que le monde ancien ne connaissait pas, ils ont séparé l'instruction de l'éducation. C'était scinder la vie. Puis marchant dans cette voie, ils ont ôté, autant qu'ils l'ont pu, l'instruction à l'Église pour ôter par cela même la religion de l'éducation. Connaissant les secrets et les convoitises de la politique ambitieuse et avide de pouvoir, ils ont fait hommage à l'Etat de tout ce qu'ils ont enlevé à l'Eglise et à l'autorité des chefs de famille. Pourquoi nous étonner? Ceux qui veulent l'instruction sans Dieu, sans religion sont conséquents. Ce qu'ils demandent, ce qu'ils réclament, c'est un fruit naturel de l'arbre qu'on a planté et qu'on a cultivé avec le plus grand soin.

Maintenant que ferons-nous? Resterons-nous dans l'inaction? A Dieu ne plaise! Ce serait un crime. A qui demanderons-nous le remède contre un mal dont les progrès sont incessants et terribles? Sachons-le bien, les gouvernements ayant rompu avec les traditions du catholicisme, et ne voulant rien conserver de notre vieille civilisation, ne sauraient nous donner quelque chose de bon, quand même ils le voudraient. Ne comptons pas sur eux. Cherchons le remède dans l'énergie de la foi et dans la profondeur des convictions religieuses. Renouvelons, s'il le faut, l'existence des premiers chrétiens. Sans doute le glaive de la persécution n'est pas tiré; on n'en veut pas à notre vie, mais on en veut à ce qui vaut mieux mille fois que notre vie; on a juré de nous ravir le dépôt sacré que nous avons reçu de nos pères, et que nous devons transmettre intact et pur à nos derniers neveux.

Oui, levons-nous, prions, parlons, écrivons, agissons. Défendons-nous sans faiblesse et sans crainte, sur le terrain que la loi nous laisse encore. Groupons-nous autour de l'élément catholique qui se révèle au sein de l'Assemblée nationale. Donnons l'exemple de la modération et de la charité dans toutes les circonstances. Embrassons avec ardeur tous les moyens, toutes les mesures qui peuvent contribuer à relever notre infortuné pays. Mais quand il est question des principes, soyons inébranlables. Ah! les concessions faites mal à propos, outre qu'elles seraient une violation du devoir, ne serviraient qu'à rendre nos adversaires plus forts et plus audacieux. Nous admirons ceux qui vont de porte en porte solliciter l'obole pour la libération de la patrie; nous admirerions bien davantage ceux qui, regardant les choses de plus haut, courraient de maison en maison pour réveiller les indifférents, pour stimuler les tièdes et pour crier à tous que le temps presse, que l'heure est venue de sauver l'avenir par l'éducation chrétienne.

9702. Versailles. — Imp. BEAU, rue de l'Orangerie, 36.

www.ingramcontent.com/pod-product-compliance
Ingram Content Group UK Ltd.
Pitfield, Milton Keynes, MK11 3LW, UK
UKHW021029200726
13857UKWH00004B/1674